BEI GRIN MACHT SI WISSEN BEZAHLT

- Wir veröffentlichen Ihre Hausarbeit, Bachelor- und Masterarbeit
- Ihr eigenes eBook und Buch - weltweit in allen wichtigen Shops
- Verdienen Sie an jedem Verkauf

Jetzt bei www.GRIN.com hochladen und kostenlos publizieren

Bibliografische Information der Deutschen Nationalbibliothek:

Die Deutsche Bibliothek verzeichnet diese Publikation in der Deutschen Nationalbibliografie; detaillierte bibliografische Daten sind im Internet über http://dnb.d-nb.de/ abrufbar.

Impressum:

Druck und Bindung: Books on Demand GmbH, Norderstedt Germany
ISBN: 9783346099044

Dieses Buch bei GRIN:

https://www.grin.com/document/508842

Marina Molnar

"wir waren engel vil gemeit". Das Wesen der neutralen Engel in der Reisefassung der Brandanlegende

GRIN Verlag

Bachelorarbeit

„wir waren engel vil gemeit“

Das Wesen der neutralen Engel in der Reisefassung der Brandanlegende

Marina Christina Molnar

BA Lehramt Psychologie und Philosophie und Deutsch

Vorgelegt, am 16.08.2018

Bachelorseminar: Ältere Deutsche Literatur: Chaos und Utopie (SS 2018)

Inhaltsverzeichnis:

Abstract

Für die mittelalterliche Welt ist das irdische Paradies ein realer Ort im Osten hinter Jerusalem, der fast unerreichbar, aber real existiert. In der „Reise“-Fassung des *Brandan* aus dem zwölften Jahrhundert trifft der Protagonist mit seinen Gefährten gleich auf zwei paradiesische Orte. Das zweite Paradies im Osten der Reise wird dabei von monströsen Mischwesen mit menschlichen und tierischen Attributen bewohnt. Ihre Erscheinung erinnert an die mittelalterliche Vorstellung der Antipoden, monströser, menschlicher bzw. menschenähnlicher Mischwesen, die an den Rändern der damals bekannten Welt entlang des Äquators vermutet wurden. Doch die Hybride geben sich als neutrale Engel zu erkennen, die bei der Auflehnung Luzifers gegen Gott parteilos geblieben sind. Auch in anderen literarischen Texten des Mittelalters sind diese entscheidungsscheuen, ehemaligen Himmelsdiener zu finden. Während Dante sie in seiner Commedia den farblosen Seelen der Vorhölle zuordnet, sind sie in Wolframs Parzival ehemalige Gralshüter, die auf Gottes Urteil am Tag des Jüngsten Gerichts erwarten, wobei die Frage nach ihrem Schicksal in der Literatur angeregt diskutiert wird. Davon ausgehend stellt sich im Rahmen dieser Bachelorarbeit die Frage, weshalb diese ehemaligen Himmelsbewohner in der „Reise“-Fassung gerade als Mischwesen in einem irdischen Paradies in Wohlstand und Überfluss leben und welche Rolle diese Positionierung für die Entwicklung des Protagonisten Brandan innerhalb der Reise spielt.

The bliblical paradise of Adam and Eve was in the middle ages believed to be located in the far East, at the ends of the then known world. In the twelve-century „Reisefassung“ of the legend of St. Brandan, the protagonist passes even two paradises. The second is inherited by monstrously looking creatures called „Walscheranden“. Those hybrid creatures with attributes of several animals live in this beautiful paradise in wealth and despite their hidious appearance, they turn out to be former angels, who have not taken sides in the heavenly war. For this indecisivness, God punished them with their beastly appearance, but as they have not joined the devil, he lets them live in the earthly paradise. The concept of neutral angels, who have failed to decide between God and the devil, also appears in the works of other authors of the middle ages such as Wolfram von Eschenbachs Parzival or Dantes Divina Commedia. In those stories, however, they are treated quite differently and suffer either in Dantes Limbus or serve as protectors oft he holy grail before they await Gods damnation on doomsday. In this context, this bachelor thesis wants to find out why the neutral angels in the Reisefassung of the legend of St. Brandan, are concepted and located how and where they are, and which purpose they serve for the story and the development of the protagonist.

1. Einleitung

Religiöse Jenseitsvorstellungen und Heilskonzepte faszinieren das mittelalterliche Europa ebenso wie Erzählungen über weite Reisen an die Ränder der damals bekannten Welt. Es verwundert daher nicht, dass die Geschichten und Legenden rund um die Reisen des irischen Mönchs St. Brandan, der vermutlich im sechsten Jahrhundert nach Christus lebt, sich großer Beliebtheit erfreuen und weit verbreitet sind.[1] Darin begibt sich der irische Mönch St. Brandan auf eine lange Meerfahrt und erlebt dabei zahlreiche Wunder der göttlichen Schöpfung. Die älteste, bekannte Version dieses Stoffes ist die lateinische *Navigatio Sancti Brendani Abbatis*, die vermutlich bereits im achten Jahrhundert nach Christus entsteht. Diese ist noch fest in der Tradition des irischen Imrams verhaftet, einer Form der Reiseliteratur, in welcher der Reisende im Zuge seiner Meerfahrt zahlreiche Wunder erlebt, deren Exotik und Wunderlichkeit im Zentrum des Textes stehen.[2]

Im Verlauf der Mittelalters wird der Stoff jedoch weiterverbreitet, bearbeitet und dabei zunehmend verändert und weiterentwickelt, was dazu führt, dass der Mediavistik heute mehrere Versionen und zahlreiche Exemplare dieses literarischen Stoffes für ihre Forschungszwecke vorliegen.[3] Mit der sogenannten Reisefassung der Brandanlegende, die vermutlich zwischen 1150 und 1160 in der Nähe von Trier entstanden ist[4], liegt eine Fassung vor, die nicht nur in deutscher und niederländischer Volkssprache geschrieben ist, sondern auch eine Variante des Stoffes, die sich inhaltlich und formal weiterentwickelt hat. Diese Entwicklungen sind für die Zwecke dieser Bachelorarbeit essentiell, weshalb hier lediglich die Reisefassung herangezogen wird. Dabei ist der Originaltext der Reisefassung leider nicht erhalten geblieben. Es existieren jedoch verschiedene Handschriften und Drucke in niederländischer und deutscher Sprache aus späterer Zeit, anhand derer Rückschlüsse auf die Originalfassung möglich sind.[5]

---

[1] Haug, Walter: Brandans Meerfahrt und das Buch der Wunder Gottes. In: Letitia Rompau, Peter Ihring (Hg.): Raumerfahrung – Raumerfindung. Erzählte Welten des Mittelalters zwischen Orient und Okzident. Berlin: Akademieverlag 2005, S. 37-55, S. 42.

[2] HAUG (wie Anm.3), S. 41.

[3] Strijbosch, Clara: Between Angel and Beast. Brendan, Herzog Ernst and the world of the 12th cenutry. In: Burgess, Glyn S., Strijbosch, Clara (Hg.): The Brendan Legend Texts and Versions. Leiden u.a.: Brill, 2006, S. 266.

[4] STRIJBOSCH (wie Anm. 3), S. 265.

[5] STRIJBOSCH (wie Anm. 3), S. 265.

In der Reisefassung der Brandanlegende hat sich der Stoff formal wie inhaltlich in wesentlichen Punkten weiterentwickelt. Einerseits stellt die Reise in dieser Version eine Strafe Gottes dar. Der irische Mönch Brandan erhält für die Verbrennung eines Buches über Wunder von Gott den Auftrag, sich auf eine neunjährige Seereise zu begeben, um die Wunder der göttlichen Schöpfung, die er durch die Bücherverbrennung angezweifelt hat, selbst zu erleben und in einem neuen Buch festzuhalten. Diese Rahmenerzählung findet erst in die Reisefassung des zwölften Jahrhunderts Eingang[6], während die lateinische Fassung aus dem achten Jahrhundert nichts Vergleichbares aufweist. Die zweite wesentliche Veränderung besteht in der Einführung eines Wundervolks, dem Brandan und seine Gefährten im sogenannten zweiten Paradies ihrer Meerfahrt begegnen. Dieses wird in einer niederländischen Version der Reisefassung unter der Bezeichnung Walscheranden geführt. Die Herkunft dieses Namens ist unklar. Nach Jakob Grimm könnte es sich dabei aber um eine Verfälschung des niederländischen Wortes *Walscrat*, das so viel wie Waldschrat, also böser Waldgeist bedeutet.[7] Wundervölker wie dieses sind in der mittelalterlichen Welt gemeinhin als Antipoden bekannt und weisen besondere Eigenschaften oder Äußerlichkeiten auf, durch die sie sich von der europäischen, menschlichen Norm unterscheiden, wobei in Frage steht, ob es sich dabei noch um Menschen oder bereits um Tiere handelt.[8] Die Menschen damals verorten diese Wesen an den Rändern der damals bekannten Welt, welche neben Europa auch Asien und (Nord-)Afrika umfasst.[9] Während in der *Navigatio* an dieser Stelle noch von singenden Vögeln die Rede ist, begegnet Brandan in der Reisefassung im zweiten Paradies also einem monströsen Kriegervolk.

Was haben Monster ausgerechnet im Paradies zu suchen? Denn dabei handelt es sich um den biblischen Garten Eden, einem heiligen, christlichen Ort, der im Osten der bekannten mittelalterlichen Welt vermutet wird. In der Reisefassung der Brandanlegende finden sich zahlreiche solcher mittelalterliche Jenseitsvorstellungen, welche hier real und irdisch erlebbar werden. Im Unterschied zu heute stellt man sich zu dieser Zeit die Grenzen zwischen dem Diesseits und dem Jenseits aber meist nicht unbedingt fest und unüberbrückbar vor. Daher ist es Brandan und seinen Gefährten durch das Wohlwollen Gottes möglich, an diese Orte zu

[6] STRIJBOSCH (wie Anm. 3), S. 265.

[7] Grimm, Jacob James, Steven, Stally, Brass: Teutonic Mythology. London: George Bell & Sons, 1883.

[8] Simek, Rudolf: Erde und Kosmos im Mittelalter. Das Weltbild vor Kolumbus. München: H.C. Beck 1992, S. 58.

[9] SIMEK (wie Anm. 8), S. 56.

gelangen[10]. In der Reisefassung ist dabei von drei Himmeln, neun Fegefeuern, einem Land unter der Erde sowie zwei irdischen Paradiesen die Rede. Vorstellungen über Himmel, Hölle und alles, was sich dazwischen befindet, sind für das religiös geprägte Mittelalter real und finden in dieser Zeit nicht nur weite Verbreitung, sondern werden auch weiterentwickelt und ausdifferenziert.[11] Das diesseitige Leben dient im Verständnis der Menschen des Mittelalters lediglich der Vorbereitung auf das eigentliche, ewige Leben im Jenseits. Je nachdem, wie fromm man sein Leben führt, landet man in der Hölle oder im Himmel. Das irdische Paradies wird oft in einem Atemzug mit den traditionellen Jenseitsvorstellungen genannt, obwohl es keine Seelen nach deren Tod aufnimmt. Seine Position wird innerhalb dieser Arbeit daher zu klären sein. Einige dieser Jenseitsorte werden in der Reisefassung „in fiktionaler Form vergegenständlicht“[12].

Somit vereinen diese sogenannten Walscheranden christliche Vorstellungen mit Legenden über Wundervölker und stellen so einen Idealtyp des mittelalterlichen Reisewunders dar. Ihre monströse, äußerliche Erscheinung steht dabei im Kontrast zu ihrem Wesen. Denn sie geben sich in der Reisefassung als neutrale Engel zu erkennen, also jene, höhere Wesen, die im himmlischen Krieg zwischen Gott und Lucifer keine Seite gewählt haben. Das Konzept neutraler Engel kann dabei lediglich lose auf die Bibel zurückgeführt werden. Es wird innerhalb der dogmatisch christlichen Lehre vorwiegend von den Kirchenvätern entwickelt und bearbeitet[13]. Abseits von der kanonischen Lehre kommt das Konzept in zahlreichen Apokryphentexten wie dem äthiopischen Henochbuch vor und findet im Volksglauben großen Anklang und weite Verbreitung[14]. So gelangen die neutralen Engel schließlich auch als Motiv in die mittelalterliche Literatur und kommen in Wolfram von Eschenbachs Parzival ebenso wie in Dante Alighieris Divina Commedia vor. Ihre Existenz als hybrides Kriegervolk, das im irdischen Paradies lebt in der Reisefassung des Brandan ist jedoch einzigartig, was die Frage aufwirft, welche Gedanken dieser Konzeption und dieser Positionierung zugrunde liegen.

---

[10] SIMEK (wie Anm. 8), S. 112.

[11] Strijbosch, Clara: Himmel, Hölle und Paradiese in Sanct Brandans „Reise“. In: Zeitschrift für deutsche Philologie 11 (1990), S.50.

[12] STRIJBOSCH (wie Anm. 11), S. .50.

[13] STRIJBOSCH (wie Anm. 11), S. .50.S. 60.

[14] Ulrich, Ernst: Neue Perspektiven zum „Parzival Wolframs von Eschenbach. Angelologie im Spannungsfeld von Origenismus und Orthodoxie. In: Das Mittelalter 11/1 (2006), S. 99.

Im Rahmen dieser Bachelorarbeit wird in diesem Zusammenhang die These aufgestellt, dass die Walscheranden in der Reisefassung des Brandan Wesen sind, die in vollkommener Unbestimmtheit und im absoluten Dazwischen existieren. Dies zeigt sich zunächst anhand ihrer Verortung im irdischen Paradies als einem Ort, der weder im Himmel liegt, noch den Wesen auf der Erde erschlossen ist. Zudem ist ihr Wesen von Widersprüchen und Ungereimtheiten gekennzeichnet. Denn während sie äußerlich durch ihre Hybridität deformiert sind und nach mittelalterlichen Weltvorstellungen damit zwischen Mensch und Tier befinden, sind sie im Inneren Engel und damit Mittlerwesen, die zwischen der göttlichen Instanz und den Menschen vermitteln. Doch wo stehen sie nun wirklich? Außerdem leben sie im Paradies in Reichtum und Abgeschiedenheit, greifen aber trotzdem als Krieger aber in Schlachten ein, die ihre Nachbarn betreffen. Als Bewohner des Paradieses sind sie nicht wirklich Teil der Welt – wieso sollten sie sich also in ihre Kriege einmischen? Zuletzt ist ihr Schicksal völlig unbestimmt, denn sie hoffen zwar auf Gottes Gnade, können jedoch nicht wissen, was am Jüngsten Tag mit ihnen geschieht. Das zeigt, dass Gott ihre Unentschlossenheit im entscheidenden Moment des Engelsturzes mit einer Existenz in absoluter Ungewissheit beantwortet. Dabei teilen sie mit Brandan den Mangel an Glauben in Gott im Angesicht absoluter Unsicherheit. Zwar wenden sie sich nicht von Gott ab, aber sie vertrauen ihm nicht blind. Denselben Fehler begeht Brandan, indem er das Buch der Wunder am Beginn der Erzählung verbrennt, weil er anzweifelt, dass Gottes Schöpfung diese Wunder hervorgebracht hat. Anders als sein Verstand erweist sie sich als grenzenlos. Diese Art von blindem Vertrauen ist es, die Gott von Brandan sowie von seinen Engeln verlangt und in dieser Erkenntnis besteht die wesentliche Lektion, die Brandan im Zuge seiner neunjährigen Reise lernen soll. Die Walscheranden stellen damit eine Art Spiegel dar, indem sie die Kernaussage der Erzählung widerspiegeln.

Um diese These textuell sowie sekundärliterarisch zu belegen, wird zunächst das zweite, irdische Paradies der Brandanreise als Erzählraum skizziert und als Schauplatz innerhalb der Reise und der mittelalterlichen Vorstellungswelt positioniert. Dabei wird auch das Konzept der Reise näher beleuchtet und auf die Voraussetzungen eingegangen, die durch dieses Konzept erzähltechnisch geschaffen werden, um eine Begegnung zwischen Brandan und den Walscheranden zu ermöglichen. Im Anschluss wird die Konzeption und Genealogie der sogenannten Walscheranden in der Reisefassung im Spannungsfeld ihrer Erscheinung als Antipoden und ihrem Wesen als ehemalige Engel vor dem Hintergrund mittelalterlicher Weltvorstellungen, theologischer Theorien sowie der Literatur der Zeit betrachtet. Die Walscheranden werden hierzu unter den Aspekten ihres monströsen Äußeren sowie ihrem engelhaften Wesen und ihrem Dasein als Krieger näher betrachtet. In der Konklusion werden schließlich die Aspekte des Erzählraums sowie die Konzeption der Walscheranden mit ihren verschiedenen Facetten gegenübergestellt und im Rahmen der Begegnungszene analysiert, um festzustellen, welche Auswirkungen und Funktionen die neutralen Engel in ihrer Konzeption und Positionierung innerhalb der Erzählung für diese und die Entwicklung des Protagonisten haben und inwiefern diese Funktion durch den Erzählraum beeinflusst und ermöglicht wird.

2. Ankunft im zweiten Paradies

2.1. Das zweite Paradies als Erzählraum

2.1.1. Die Verortung des irdischen Paradieses zwischen Diesseits und Jenseits

Der Reisende Brandan begegnet den Walscheranden in einem Land, das in der Forschungsliteratur als zweites Paradies innerhalb von Brandans Reise gehandelt wird. Der Text spricht am Beginn von drei Himmeln und zwei Paradiesen, die im Zuge der Reise passiert werden sollen. Die Vorstellung des himmlischen Paradieses ist zunächst strikt von der Vorstellung eines irdischen Paradieses abzugrenzen. Während ersteres eine Jenseitsvorstellung beschreibt, welche in die höchsten Sphären[15] entrückt bei Gott verortet wird, entspricht letzteres der Vorstellung des irdischen Paradieses dem biblischen Garten Eden. Mit dem Begriff Jenseits als Örtlichkeit wird im Mittelalter alles verbunden, was außerhalb von Zeit und Raum des irdischen Lebens existiert.[16] Da das irdische Paradies ursprünglich von Menschen bewohnt ist, kann man annehmen, dass es grundsätzlich im Diesseits angesiedelt ist. Seit dem Sündenfall der Genesis ist es in der Vorstellungswelt des Mittelalters für die meisten Menschen zwar wahrscheinlich unzugänglich, theoretisch jedoch immer noch erreichbar, wenn Gott einem wohlgesonnen ist, wie zum Beispiel anhand der Brandanlegende deutlich wird. Dabei ist jedoch wichtig, dass der Zweck des irdischen Paradieses im Mittelalter unklar bleibt. Denn da es nicht als Bestimmungsort für Seelen nach dem irdischen Leben ist, ist es kein Jenseitsort im eigentlichen Sinn., wird als Ort der Wunder im Mittelalter aber auch nicht im Diesseits verortet.[17]Die zeitliche Verortung des irdischen Paradieses ist dabei noch problematischer, da dort ewiger Frühling herrscht[18], aber Zeit trotzdem in irgendeiner Form vergehen muss, da die

[15] Nähere Erläuterungen zu den Sphären der Welt in der mittelalterlichen Vorstellung sind in Kapitel 2.1. zu finden.

[16] STRIJBOSCH (wie Anm. 11), S. 50.

[17] STRIJBOSCH (wie Anm. 11), S. 50.

[18] STRIJBOSCH (wie Anm. 11), S. 53.

Bäume jeden Monat Früchte tragen[19]. Es wird daher festgestellt, dass das irdische Paradies örtlich wie zeitlich zwischen den himmlischen und den irdischen Sphären der Welt zu verorten ist.

2.1.2. Das zweite Paradies als irdisches Paradies

Da der Text viele Phänomene der diesseitigen und jenseitigen Welt nicht beim Namen nennt und diese erst aus dem Kontext und die Tradition erkannt werden[20], ist zunächst zu klären, ob das Land der Walscheranden als irdisches Paradies im Sinne der mittelalterlichen Vorstellungen gelten kann. Hierzu werden mittelalterliche und biblische Vorstellungen des Paradieses mit den Inhalten auf Textebene verglichen. Das christliche, irdische Paradies hat seine Wurzeln in der biblischen Genesis[21], wo es als Garten Eden bezeichnet wird. Dieser Garten, in dem immer Frühling herrscht, liegt geographisch im Osten. Auch Augustinus verortet es irgendwo im Osten hinter der heiligen Stadt Jerusalem auf einem hohen Berg, wodurch es nicht von der Sintflut verschont geblieben ist.[22] Dieses irdische Paradies beherbergt prächtige Pflanzen und alle notwendigen Ressourcen im Überfluss. Außerdem befinden sich der Baum des Lebens und der Baum der Erkenntnis in seiner Mitte. Die Pflanzen tragen jeden Monat Früchte und der Fluss des Gartens teilt sich in vier Ströme, die jeweils in ein Land fließen, welches reich an Gold und Edelsteinen ist.[23] In der Tradition des Mittelalters sind irdische Paradiesvorstellungen zudem generell von einem Überfluss an Nahrung sowie der völligen Unbekanntheit und Abwesenheit von Schmerz und Entbehrung geprägt. Erschöpfung, Kälte und Schnee sind im irdischen Paradies unbekannt[24], was vermutlich mit den harten, schwierigen Lebensumständen der Menschen im Mittelalter zusammenhängt, welche von Missernten, Hungersnöten, Seuchen und ungünstigen Klimaveränderungen dominiert werden. Nach dem Sündenfall und der damit verbundenen Vertreibung der Menschen aus dem Paradies werden gemäß der Bibel Schutzmaßnahmen eingerichtet, welche das Land gegen eine Neubesiedlung schützen sollen. Von diesem Moment an kann es lediglich unter Schirmherrschaft Gottes über den Wasserweg

---

[19] STRIJBOSCH (wie Anm. 11), S. 54.

[20] STRIJBOSCH (wie Anm. 11), S. 50.

[21] STRIJBOSCH (wie Anm. 11), S. 53.

[22] STRIJBOSCH (wie Anm. 11), S. 54.

[23] Biblia Sacra iuxta vulgatam versionem. Hrsg. v. Robertus Weber. 2 Bde. Stuttgart 1969. Gen 2.8-12

[24] STRIJBOSCH (wie Anm. 11), S. 54.

erreicht werden.[25] In der Vorstellung von Kirchenvater Augustinus wird das Paradies von einem Engel mit einem flammenden Schwert bewacht.

Das sogenannte zweite Paradies der Brandanreise befindet sich, wie die biblische Vorlage im Osten am Rande der bekannten, mittelalterlichen Welt[26]. Brandan und seine Gefährten werden durch starke Winde zu diesen Landmassen getrieben. Das Inventar des sogenannten zweiten Paradieses variiert in den verschiedenen Fassungen stark. Es wird jedoch stets als Land von großer Schönheit beschrieben. In der vorliegenden Version verfügt es über Weizen, Wein sowie fruchtbare Erde und Wasser im Überfluss, was auch stark an den biblischen Garten Eden erinnert. Von Flüssen, die dieses Land durchfließen, ist in der Brandanlegende nicht die Rede. Die Luft duftet dabei so wunderbar, dass alle Müdigkeit und alle Gebrechen sogleich vergessen und geheilt sind[27], was der Abwesenheit von Schmerz nahekommt, die im biblischen Paradies herrschen soll. Das Land, das im Text als *multum bona terra* bezeichnet wird, wird zudem als Ort der Wunder beschrieben, an dem exotische Fische und Säugetiere, wie zum Beispiel Elefanten, in anderen Fassungen auch Kamele und Dromedare, leben. Bei diesen Tierarten handelt es sich um Sinnbilder des Paradieses in der Vorstellungswelt des Mittelalters. Es wird im Text dabei ausdrücklich erwähnt, dass dieses Land nicht von Menschen gefunden werden kann, wenn Gott sie nicht dorthin führt. Es ist somit durch Unerreichbarkeit gekennzeichnet. Zudem handelt es sich bei den Walscheranden um ein kriegerisches Volk, das jedoch nicht den Auftrag zu haben scheint, Menschen von der Betretung des Paradieses abzuhalten. Jedoch werden die Pforten der Burg der Walscheranden von Lindwürmern und Drachen bewacht, welche Brandan im Namen Gottes bannt, sodass sie den Reisenden Einlass gewähren. Dass Brandan dorthin gelangen kann ist somit dem geschuldet, dass er das Paradies im Auftrag Gottes aufsucht, und dass er über den Wasserweg anreist

2.1.3. Die Burg der Walscheranden: Parallelen zum himmlischen Jerusalem

Die Burg der Walscheranden erinnert an das himmlische Jerusalem, das in der Bibel als Vorbild für das irdische Paradies dient.[28] Dabei handelt es sich um eine Stadt im Himmel, die in göttlichem Glanz erstrahlt und von einer hohen Mauer mit zwölf Toren umgeben ist. Durch die

---

[25] Augustin, Ulrike Anja: Norden, Suden, Osten, Wester. Länder und Bewohner der Heidenwelt in deutschen Romanen und Epen des 12. bis 14. Jahrhunderts, Dissertation. Univ. Würzburg, 2014. S.46.

[26] Die Ausmaße der damals bekannten Welt werden in Kapitel 2.1. näher erläutert.

[27] STRIJBOSCH(wie Anm. 3), S. 272.

[28] STRIJBOSCH (wie Anm. 11), S. 54.

Stadt fließt das Wasser des Lebens, gesäumt von Bäumen, die jeden Monat Früchte tragen. Dieses Heim der Walscheranden erinnert an das himmlische Jerusalem der Johannesapokalypse. Jener Berg, auf dem sich die Burg befindet, trägt zudem den Namen Syon, wie Brandan aus dem verbrannten Buch der Wunder weiß, was der biblischen Bezeichnung für das himmlische Jerusalem entspricht[29]. Im Burghof steht eine oder mehrere Zedern, ein mittelalterliches Symbol für Dauerhaftigkeit, Stärke und Größe.[30] Die Mauern der Burg bestehen aus klarem Kristall und sind mit kostbaren Malereien verziert, die lebensechte Menschen und Tiere, darunter Löwen, Panther, Würmer, Windhunde, Fische, Vögel, Hasen, Füchse, Wölfe, Luchse, Bären, Biber, Elefanten und Pferde, zeigen. Die Burg hat prächtige Türme und ihre Fußböden sind mit Gold durchtupft. Außerdem beinhaltet sie prächtige Säle und Betten sowie auch ein schneeweißer Umhang von beträchtlicher Länge und Breite von den Reisenden entdeckt wird. Zudem finden sie reiche Speisen vor. Es zeigt sich also, dass das Land der Walscheranden inhaltlich das Inventar des biblischen Paradieses teilt und zahlreiche Wunder aufweist und dem Motiv des Locus amoenus entspricht. Der entscheidende Bruch zu den gängigen mittelalterlichen Paradiesvorstellungen besteht in der Tatsache, dass dieses irdische Paradies von Monstern bewohnt wird.

2.1.4. Das unbewohnte Paradies

Die Bewohner dieses reichen und schönen Landes selbst treffen die Reisenden bei ihrer Ankunft zunächst jedoch nicht an. Das paradiesische Land liegt zuerst also verlassen da. Dieses Motiv des verlassenen Heims taucht auch im Parzival auf, als der Protagonist am zweiten Tag seines ersten Aufenthalts auf der Gralsburg aufwacht und die Gralsgesellschaft verschwunden ist. In der Reisefassung der Brandanlegende finden die Reisenden das Land jedoch verlassen vor, bevor sie dessen Bewohnern begegnen. Erzähltechnisch führt dies hier zu einer Hervorhebung des Kontrastes, der zwischen dem wunderschönen Ort und seinen monströsen Bewohnern besteht. Die wesentliche Funktion für die Erzählung erfüllt dieser Ort somit durch seine bloße Konstitution. Das Konzept, das in der Reisefassung von diesem Ort und seinen Bewohnern gezeichnet wird, ist ein statisches. Das irdische Paradies wird dabei weder Schauplatz für zentrale Handlungen des Plots, noch treten die Walscheranden wirklich als handelnde Figuren auf. Ihre Bedeutung erschließt sich vielmehr im Dialog und ihrer Symbolkraft, wie später noch gezeigt werden wird.

---

[29] STRIJBOSCH(wie Anm. 11), S. 58.

[30] Brandan. Die mitteldeutsche „Reise“-Fassung, S. 128.

2.1.5. Das zweite Paradies als heterogener Erzählraum

Durch diese Statik und Kontrastwirkung wird aber unterstrichen, dass es sich hier um einen heterogenen Erzählraum[31] handelt, der nach eigenen Regeln und Gesetzmäßigkeiten funktioniert.[32] Heterotopien bezeichnen in der Literaturwissenschaft Orte, die Sehnsüchte und Ängste fixieren, worin sie Utopien ähnlich sind.[33] Der wesentliche Unterschied zu diesen besteht aber darin, dass Utopien nicht real in Raum und Zeit verortbar sind, während Heterotopien zwischen realen und rein imaginären Orten zu lokalisieren sind.[34] Das bedeutet im Wesentlichen, dass Heterotopien keine rein imaginären Konzepte sind, sondern ein realer Ort zum Projektionsraum für Wünsche und Ängste wird.[35] Das irdische Paradies als Utopie zu bezeichnen, wäre vielleicht im Kontext heutiger Weltvorstellungen angemessen. Im Mittelalter hält man diesen Ort jedoch für real existent, wenn auch nicht unbedingt zugänglich.[36] Damit eignet sich dieser Ort ideal zur Projektion von Wünschen und Ängsten, aber nicht im Sinne einer Utopie. Hinzu kommt, dass die Ausgestaltung von Raum und Sozialgefüge der Walscheranden innerhalb der Erzählung so vage bleiben, dass die kaum greifbar werden und da es sich um Monster handelt, die dieses Land bewohnen, kann dieses Konzept im Sinne mittelalterlicher Vorstellungen auch kein Ideal darstellen. Denn die mittelalterliche Welt ist geprägt von strengen Ordnungssystemen und ihr wissenschaftlicher Anspruch besteht, geprägt durch den Umgang mit der Offenbarungslehre, darin, bestehende Erwartungshaltungen zu verifizieren.[37] Monster als Bewohner einer paradiesischen Landschaft passen dabei nicht in die Erwartungswelt der Menschen des Mittelalters. Funktionieren kann dies innerhalb der Erzählung trotz des Verifikationsanspruches aufgrund ihres Reisecharakters und der Verortung dieses heteronomen Raumes im Osten am Rande der Welt. Diese Zusammenhänge werden im weiteren Verlauf noch näher beleuchtet.

---

[31] Die Konzeption dieses irdischen Paradieses als Heterotopie in angemessenem Maße auszuführen, würde den Rahmen dieser Bachelorarbeit sprengen, weshalb diese Ausführungen lediglich als Ausgangspunkt weiterführender Betrachtungen verstanden werden können.

[32] Dunne, Jörg, Mahler Andreas (Hg.): Handbuch. Literatur und Raum. Berlin: de Gruyter 2015.

[33] DUNNE (wie Anm. 32), S. 181.

[34] DUNNE (wie Anm. 32), S. 181.

[35] DUNNE (wie Anm. 32), S. 181.

[36] Jung, Werner: Raumphantasien und Phantasieräume. Essays über Literatur und Raum. Bielefeld: Aisthesis, 2003. S. 21.

[37] SIMEK (wie Anm. 8), S. 114

2.2. Positionierung des zweiten Paradieses innerhalb der „*Reise*"

2.2.1. Brandans Reise: Verwurzelung im Imram

Als Paradies stellt das Land der Walscheranden somit einen Ort dar, der zumindest utopische Züge aufweist, auch wenn er sich als heterotop herausstellt. In der mittelalterlichen, literarischen Tradition werden solche utopischen Inhalte nicht wie bei Thomas Morus anhand komplexer Vermittlungsstrukturen, wie Gesprächssituationen mit Reisenden, in einen Zusammenhang gebracht, sondern indem eine Reise, meist eine Seereise, den Rahmen der Erzählung bildet.[38] Auch in der Reisefassung des Brandan entdeckt der irische Mönch das Paradies der Walscheranden im Zuge seiner neunjährigen Seereise, die ihm von Gott als Strafe für die Verbrennung eines Buches über Wunder aufgetragen worden ist. Die Begegnung Brandans mit den Walscheranden im Paradies wird damit in den Kontext einer Reise gestellt.

Die Konzeption der *Reise* als Seefahrt ist dabei in literarischen Sinne sehr interessant für die Stellung sowie die Bedeutung der Episode innerhalb der Erzählung. Üblicherweise finden Seereisen in der mittelalterlichen Reiseliteratur als Ausfahrts- oder als Heimkehrreisen statt. Im Zuge der Reise kommt es durch die Begegnung des Protagonisten mit dem Fremden zu einer Entwicklung dieses, die ihn verändert zurücklässt.[39] Der hier vorliegende Stoff behandelt jedoch die seltenere Form der Reise, in der der Protagonist sowohl ausfährt, als auch wieder heimkehrt. Diese Art der Reise entstammt ursprünglich der Tradition des irischen Imram.[40] Dass die Brandanlegende ursprünglich tatsächlich der Imram-Tradition entspringt, wird besonders offensichtlich, wenn man die ältere, lateinische Version des Stoffes, die Navigatio Sancti Brandan Abbatis heranzieht. Die Nähe zum Brandanstoff wird durch die geographische Überlappung von Gattung und Stoff in Irland verstärkt. Beim irischen Imram handelt es sich um eine Meerfahrt, welche in Form von aneinandergereihten Episoden erzählt wird.[41] Der Fokus des Imrams liegt dabei auf der einzelnen Inselabenteuern, die der Reisende im Zuge der Seefahrt erlebt, und misst sich an deren Wunderlichkeit und Exotik.[42] Interessant am Imram ist dabei, dass die Reise lediglich um des Reisens willen begangen wird und keine Entwicklung des Reisenden stattfindet. Das bedeutet, dass im Imram keine Integration des Fremden

---

[38] Renz, Tilo: Utopische Elemente der mittelalterlichen Reiseliteratur. Berlin: Akademie Verl. 2013, S. 134.

[39] HAUG (wie Anm. 1), S. 39.

[40] HAUG (wie Anm. 1), S. 40.

[41] HAUG (wie Anm. 1), S. 40.

[42] HAUG (wie Anm. 1), S. 39.

stattfindet. Es bleibt vielmehr fremd und damit befremdlich, exotisch und unergründlich.[43] In der Reisefassung des Brandan aus dem zwölften Jahrhundert, welche dieser Arbeit als Grundlage dient, wird der Imram mit dem Aspekt der Weiterentwicklung des Protagonisten im Zuge des Aufeinandertreffens mit dem Fremden verbunden[44], obwohl die Reise als vollständige, also inklusive Ausfahrt und Heimkehr inszeniert ist. Der Brandan der Reisefassung ist im Moment der Heimkehr nicht derselbe, der er bei der Ausfahrt war. Die Reise, die ihm Gott als Strafe aufgetragen hat, verändert ihn – er lernt dazu. Dieser Aspekt stellt in Zusammenhang mit der Bedeutsamkeit der Begegnung mit den Walscheranden ein wichtiges Moment dar.

2.2.2. Ein Paradies an den Rändern der mittelalterlichen Welt

Räumlich handelt es sich beim Land der Walscheranden um das zweite, irdische Paradies, das die Reisenden betreten. Während das erste Paradies der Reise im Westen liegt und damit im Zusammenhang mit Traditionen und Legenden des Norden und des Imram steht, liegt das Land der Walscheranden geographisch gesehen im Osten und wie die darauffolgende Episode mit dem unsichtbaren Volk zeigt, befindet es sich nahe den Rändern der mittelalterlichen Welt. Diese räumliche Entfernung zur bekannten Alltagswelt ist für die Konzeption der Reise und insbesondere für die Darstellung der Walscheranden essentiell. Wie bereits im vorangehenden Kapitel angesprochen, ist die Konzeption dieses zweiten Paradieses in der Reisefassung außergewöhnlich für die damalige Zeit. Aus diesem Grund ist die Einbettung in eine Reiseerzählung so wichtig. Reisen ist in dieser Zeit nicht etwa etwas Alltägliches, sondern sehr strapaziös und dabei nur wenigen Privilegierten vorbehalten. Die meisten Menschen im europäischen Mittelalter kommen ihr ganzes Leben lang nicht über die Grenzen ihres Dorfes hinaus. Doch gerade deshalb ist die Reiseliteratur in dieser Zeit so beliebt. Reisende gelangen im Mittelalter an Orte, die vollkommen außerhalb der Alltagswelt der Menschen des Mittelalters liegen. Das bedeutet, dass für die Rezipienten dieser Erzählungen an diesen fernen Orten buchstäblich alles möglich ist und sämtliche Wunder existieren können.

Vor diesem Hintergrund und den schwierigen Lebensumständen im Mittelalter ist die Legende vom irdischen Paradies im Osten ist im Mittelalter aufgrund ihrer Wurzeln in der Genesis weit verbreitet und Anlass reger Legendenbildung. Im zwölften Jahrhundert finden zudem die ersten

---

[43] HAUG (wie Anm. 1), S. 40.

[44] HAUG (wie Anm. 1), S. 49.

Kreuzzüge statt, welche die Kämpfenden nach Jerusalem führen. Alles was dahinter liegt, ist damals nur sehr vage in der mittelalterlichen Vorstellung vorhanden. Damit nimmt der asiatische Kontinent als Schauplatz der christlichen Heilsgeschichte sowie als weit entfernter Ort der Wunder und der Reichtümer eine zentrale Position für das Europa des Mittelalters ein. So werden in dieser Zeit sämtliche bekannte Luxusgüter wie Gewürze, Öle, Farbstoffe, Weihrauch oder exotische Früchte aus dem Osten importiert.[45]

Ebenso liegt in dieser Gegend auch Indien, das in der damaligen Zeit häufig mit Äthiopien verwechselt wird. Indien gilt seit den Reisen Alexanders des Großen als Land fabelhafter Reichtümer und Wunder[46] und bezeichnet für die Europäer damals ein weitaus größeres Gebiet, als das heutige Indien. Auf manchen Karten wird unter Indien beinahe das gesamte Gebiet Asiens bzw. Afrikas subsumiert.[47] Zahlreiche Reiseberichte aus dieser Zeit erzählen von der Existenz von Fabelwesen und Wundervölkern im Osten.[48] Obwohl diese Berichte oft informativ und korrekt sind, kommt aufgrund ihrer Verhaftung in europäischen Weltvorstellungen und Vorurteilen zu solchen Fehlinterpretationen, innerhalb derer zum Beispiel ein Nashorn als Einhorn beschrieben wird.[49] In diesem Zusammenhang erscheint auch das im Mittelalter bekannte, ferne, indische Reich des Presbyter Johannes, dessen Existenz aufgrund eines gefälschten Schreibens lange für real gehalten wird. Die Beschreibung des indischen Reiches in diesem Schreiben trägt weiter zur Legendenbildung rund um das Land als Ort der Wunder und des Reichtums bei.[50] In diesem Zusammenhang wird auch die Frage nach der Glaubwürdigkeit der Eindrücke und Erlebnisse der Reisenden, wie sie diese schildern, wichtig. Diese Gefilde am Rande der Welt, in denen die üblichen Regeln und Gesetzmäßigkeiten außer Kraft gesetzt scheinen und die Raum für die Wünsche und Ängste der Menschen bilden, ist daher ideal, um Konzeptionen wie die neutralen Engel im irdischen Paradies dort zu verorten, da sie innerhalb dieses geschützten Rahmens am ehesten vor dem Häresievorwurf der Kirche gewahrt sind.

---

[45] SIMEK (Anm. 8), S. 56.

[46] STRIJBOSCH (wie Anm. 3), S.268.

[47] SIMEK (wie Anm. 8), S. 80.

[48] SIMEK (wie Anm. 8), S. 81.

[49]SIMEK (wie Anm. 8), S. 82.

[50] SIMEK (wie Anm. 8), S. 90.

2.2.3. Positionierung der Walscheranden-innerhalb der Reise als Moment der Veränderung

Eine zeitlichenOrdnung innerhalb der neunjährigen Reise Brandans liefert der Text nicht. Bekannt ist lediglich die Dauer der Reise insgesamt und die Reihenfolge, in der die Wunderepisoden und Abenteuer sich aneinanderreihen. Vor dem Hintergrund des irischen Imrams, der die Episoden willkürlich aneinanderreiht, wird in der Forschungsliteratur darüber diskutiert, ob die Abfolge der Reisestationen in der Reisefassung einer intendierten Ordnung mit Hintergedanken und Bedeutung für die Erzählung entspricht, oder ob sie zufällig ist.[51] . Eine umfassende Überprüfung, ob die Episoden in einem sinnhaften Zusammenhang stehen, würde im Rahmen dieser Arbeit zu weit führen. Wenn man die Position des Aufenthalts im zweiten Paradies aber zeitlich betrachtet, fällt auf, dass Brandan und seine Gefährten den Walscheranden innerhalb der „*Reise*" gegen Ende ihrer Seefahrt begegnen, als sie sich schon nahe am Rande der Welt und somit an der Grenze zum Land unter der Erde befinden. Zu diesem Zeitpunkt hat Brandan schon zahlreiche Wunder der Schöpfung gesehen und unzählige Gefahren überstanden. Bei der Begegnung mit den Walscheranden wird jedoch klar, dass er die eigentliche Lektion, die Gott ihm anhand der Reise lehren will, noch nicht verinnerlicht hat. Vermutlich nimmt sie deshalb mit insgesamt 105 Versen viel Platz innerhalb der Erzählung ein.

Denn die Begegnung mit den Walscheranden bringt den Protagonisten in eine Krisensituation, da er erkennen muss, dass das Fremde, das Andere nicht ohne weiteres in die eigenen Weltvorstellungen integrierbar ist.[52] Die bloße Existenz dieser Hybriden, die eigentlich neutrale Engel sind, stellt seine Vorstellungen von der Welt und damit von der Schöpfung Gottes in Frage. Doch genau das ist der Kern des Problems. Brandan hat zu Beginn der Reise das Buch der Wunder verbrannt, weil er glaubte, dass die Wunder, von denen es berichtet, nicht wirklich Teil von Gottes Schöpfung sein können. Damit maßt er sich an, Gottes Schöpfung zu verstehen, was in der mittelalterlichen Vorstellung ein unerhörtes Zeugnis von Hochmut darstellt. Brandan muss lernen zu staunen und Gottes Schöpfung als unergründlich und grenzenlos zu betrachten. Es muss also eine Weiterentwicklung auf Seite des Reisenden geschehen, um die Krise zu überwinden. Diese Veränderung erfordert letztlich eine Selbstpreisgabe, als eine Erfahrung, welche zugleich Gewinn und Verlust für den Protagonisten bedeutet.[53] Ermöglicht wird diese Weiterentwicklung der Gattung durch die Bildung des Erzählrahmens, den die verbotene

[51] HAUG (wie Anm. 1), S. 42.

[52] HAUG (wie Anm. 1), S. 40.

[53] HAUG (wie Anm. 1), S. 40.

Verbrennung des Buches der Wunder mit der Forderung Gottes nach Wiedergutmachung darstellt. Diese Rahmenhandlung ermöglicht die Episode im Land der neutralen Engel innerhalb der Reise zu einer Schlüsselszene zu machen, die für Brandan zum entscheidenden Moment der Veränderung wird.

3. Begegnung mit dem Fremden: Die neutralen Engel

3.1. Monster im Paradies

3.1.1. Die Hybridität der Walscheranden

Die Bewohner des zweiten Paradieses zeigen sich, als die Reisenden bereits dabei sind, von der Insel aufzubrechen. Sie kommen gerade von einer Schlacht zurück und tragen deshalb Hornbögen als Waffen bei sich und machen insgesamt einen grimmigen Eindruck. Dabei sind sie reich gekleidet, aber Hybride, welche Attribute verschiedener Tiere aufsweisen. Sie besitzen Schweinsköpfe, Kranichhälse, Hundebeine, Bärenhände, aber eine menschliche Brust, wie in der Reisefassung nachlesbar ist (Vv. 1249- 1253):

> *Köpfen wi e ein Schwein, Händen wi e Bären, Füßen wi e Hunden, Hälsen wi e Kraniche und einer Brust wi e von Men sehen: ir houbte waren als der swin, / ir hende berin und vuze hundin, / cranches helse, menschliche brüst. / sie hatten richtum nach irre lust: / sidin was ir gewete.*

Mit dieser monströsen, äußeren Erscheinung stehen die Bewohner des zweiten Paradieses des Brandan in der Tradition der sogenannten Antipoden Diese Wundervölker mit außergewöhnlichen Eigenschaften und Erscheinungsformen, die an den Rändern der bekannten Welt in allen Himmelsrichtungen leben, gehen auf die Antike zurück[54] und sind im Mittelalter weit verbreitet. Der Name Antipoden bezieht sich dabei eigentlich auf ein spezielles Wundervolk, dessen Füße falsch herum ausgerichtet sind, sodass die Fersen nach vorne zeigen. Die Bezeichnung hat sich jedoch im Lauf der Zeit für als Überbegriff für alle Wundervölker etabliert.[55] Unter den Wundervölkern, die man am Rande der bekannten Welt vermutet, befinden sich auch Hybridwesen mit menschlichen und tierischen Attributen, wie die Walscheranden aus der Reisefassung des Brandan. Die Hybridität in der Reise nimmt dabei extreme Ausmaße an, da die Walscheranden neben menschlichen, Züge verschiedener Tiere aufweisen.[56] Die verschiedenen Deformationen und Eigenschaften von Wundervölkern werden

---

[54] SIMEK (wie in Anm. 8), S. 109.

[55] SIMEM (wie in Anm. 8), S. 110.

[56] STRIJBOSCH (wie in Anm. 3), S. 271.

im Mittelalter in Form von Katalogen aufgelistet. Eine solche Sammlung findet man zum Beispiel in der Wiener Genesis, die vermutlich aus dem elften Jahrhundert stammt.[57] Sie sind dabei fester Bestandteil des mittelalterlichen Weltbilds und ihre Existenz wird als gegeben hingenommen.

3.1.2. Wundervölker in Rahmen des mittelalterlichen Weltbildes

Das Weltbild des Mittelalters im zwölften Jahrhundert ist einerseits von Informationen und andererseits von überlieferten Traditionen geprägt.[58] Eine wichtige Informationsquelle stellen dabei wissenschaftliche wie fiktionale, antike Texte dar.[59] Für die Menschen des Mittelalters ist die Erde ein geschlossenes System, welches aus konzentrischen Kugeln und Sphären besteht, die in Form einer Zwiebel angeordnet sind. Diese Weltzwiebel ist in Gott geborgen, der die äußerste Sphäre umgibt.[60] Das vom Christentum dominierte, mittelalterliche Europa betrachtet die Welt dabei nicht als bis in alle Ewigkeit bestehendes Konstrukt, wie noch zum Beispiel Aristoteles in der Antike. Stattdessen ist in diesem Weltverständnis alles auf das Jüngste Gericht ausgerichtet, das am Ende der Zeit stattfindet[61] und bei dem die Schöpfung neu und endgültig geordnet wird. Zudem unterteilt man die Erde zu dieser Zeit in fünf klimatische Zonen[62]: zwei kalte Zonen im Norden und Süden, zwei bewohnbare Zonen darunter und darüber sowie einen Gürtel aus Hitze dazwischen, der, wie man vermutet, unmöglich zu überqueren ist.[63] Jerusalem ist dabei das Zentrum der bewohnbaren Zone.[64] Aufgrund dieser Unzugänglichkeit des Hitzegürtels, den man mit dem heutigen Äquator in Verbindung bringen kann, ist den Europäern des zwölften Jahrhunderts alles, was sich südlich von ihm befindet, unbekannt.

Über Jahrhunderte wird diskutiert, ob es möglich ist, in dieser heißen Zone zu leben, und wenn ja, ob auch für normale Menschen oder nur für Wunderwesen. Diese Wundervölker werden

---

[57] SIMEK (wie in Anm. 8), S. 117.

[58] STRIJBOSCH (wie in Anm. 3), S. 275.

[59] STRIJBOSCH (wie in Anm. 3), S. 267.

[60] SIMEK (wie in Anm. 8), S. 17.

[61] SIMEK (wie in Anm. 8), S. 17.

[62] Andere Theorien über die Konstituion der Erde gehen von drei Kontinenten und einem Antipoden-Kontinent aus, über den nicht viel bekannt ist. Für die Darstellung des Weltbildes innerhalb dieser Bachelorarbeit ist dies deshalb nicht relevant, weil dieser Antipoden-Kontinent im Süden vermutet wird, während sich das zweite Paradies der Reise dem Text nach irgendwo im Osten befindet. Nachzulesen ist diese Theorie in: SIMEK (wie in Anm. 8), S. 17.

[63] STRIJBOSCH (wie in Anm. 3), S. 268.

[64] STRIJBOSCH (wie in Anm. 3), S. 268.

Antipoden genannt. Ihre Existenz stellt in der mittelalterlichen Weltordnung insbesondere für die Kirche ein Problem dar. Denn sollte die heiße Zone lediglich von solchen Wunderwesen bewohnt werden können, muss das Erlösungswerk Christus in Frage gestellt werden, da dieser den Auftrag erteilt, das Christentum allen Völkern zu lehren, was durch die Unzugänglichkeit der heißen Zone für normale Menschen somit unmöglich wird. Aus diesem Grund wird die Theorie über die Existenz von Antipoden im Mittelalter zeitweise als Häresie verurteilt, jedoch nicht zur Entstehungszeit der Reisefassung im 12. Jahrhundert, da zum Beispiel Albertus Magnus sich in dieser Zeit ausdrücklich für die Theorie ausspricht.[65]

3.1.3. Genealogische Erklärungsmodelle für die Existenz der Antipoden

Wesentliches Thema für das genealogisch-orientierte Mittelalter sind auch Theorien, die sich mit der Herkunft und Entstehung der Antipoden beschäftigen. Dabei wird die Existenz der Antipoden zum einen auf Kain zurückgeführt. Die Verfluchung Kains durch Gott wird durch Anomalien in der Erscheinung seiner Nachkommen sichtbar.[66] Eine ähnliche Theorie, die auf die Wiener Genesis aus dem elften Jahrhundert zurückgeht, geht davon aus, dass Gott Adam über die Schädlichkeit bestimmter Kräuter für Ungeborene im Mutterleib aufgeklärt hat. Einige Töchter Adams haben diese Warnung jedoch missachtet und trotzdem von den verbotenen Kräutern gegessen, während sie schwanger gewesen sind. Als Folge sind ihre Kinder mit physischen Missbildungen geboren worden.[67] Ein Beispiel aus der mittelalterlichen Literatur für die Heranziehung dieser Theorie stellt auch die Gralsbotin Kundrie aus Wolfram von Eschenbachs Parzival dar. Kirchenvater Augustinus erklärt sich die Existenz von monströsen Völkern unter den Menschenvölkern, indem er ihre Existenz mit dem Vorkommen von einzelnen missgebildeten Menschen innerhalb eines Volkes vergleicht und sie ins selbe Verhältnis dazu stellt.

Der Grund für die Existenz solcher, von der Norm abweichender Individuen wie auch ganzer Völker bleibt dem menschlichen Verstand zwar verborgen, aber sie nehmen für ihn zweifellos einen Platz im Gesamtplan der Schöpfung Gottes ein.[68] Isidor von Seivilla bringt diese Theorie auf den Punkt, indem er sinngemäß sagt, dass diese Wesen gegen die Natur zu sein scheinen,

---

[65] SIMEK (wie in Anm. 8), S. 267. S. 72-73.

[66] SIMEK (wie in Anm. 8), S. 114.

[67] SIMEK (wie in Anm. 8), S. 117.

[68] SIMEK (wie in Anm. 8), S. 114.

jedoch ist nichts, was existiert, gegen die Natur, da Gott es eben so wollte.[69] Andere Erklärungsversuche, wie zum Beispiel Nicolaus von Oresme vorbringt, sehen den Grund für die Deformation dieser Geschöpfe in ungünstigen Bedingungen in ihrer Umgebung, wie zum Beispiel in zu trockenem oder zu feuchtem Klima, oder sogar in der Verformung menschlichen Spermas. Daraus schlussfolgert Nicolaus, dass diese Wesen eine Vorstufe zu vollständiger Menschlichkeit darstellen und stellt sie im Verhältnis zum Menschen auf die gleiche Stufe, wie den Affen.[70]

3.1.4. Antipoden zwischen Mensch und Tier

In diesem Sinne lautet eine essentielle Frage in dieser Diskussion, die Jahrhunderte dauert, ob ein solches Hybridwesen nun menschlich oder tierisch ist.[71] Für das religiös geprägte Mittelalter steht diese Frage in direktem Zusammenhang mit der Schöpfung Gottes und dem Platz, den der Mensch innerhalb dieser Schöpfung einnimmt.[72] Im Sinne der Genesis ist der Mensch als Abbild Gottes geschaffen. Vor diesem Hintergrund stellt sich die Frage, wie Hybridwesen als Menschen existieren können, wenn sie so sehr von dem abweichen, was äußerlich als normaler Mensch bekannt ist.[73] Kirchenvater Augustinus hat auf diese Diskussion großen Einfluss ausgeübt. Er führt als Kriterium für den Menschlichkeitsstatus der Antipoden deren Fähigkeit zu sprechen an. Denn die Sprache ist ein Zeichen für Rationalität[74] und Menschlichkeit, weil sie eine Eigenschaft bzw. eine Kompetenz darstellt, die den Menschen vom Tier unterscheidet. Trotz ihrer Schweinsköpfe sind die Walscheranden in der Lage zu sprechen und sich mit den Reisenden zu verständigen, was sie im Sinne von Augustinus zu menschlichen Wesen macht.

Spätere Argumentationen machen jedoch den Kopf zum entscheidenden Kriterium. Handelt es sich dabei um ein menschliches Haupt, ist das Hybridwesen als Mensch einzuordnen, trägt es jedoch den Kopf eines Tieres, ist es den Tieren zuzuordnen.[75] Wieder andere Argumentationen halten aber die soziale Organisation der Wundervölker in der Frage nach ihrer Menschlichkeit für das entscheidende Kriterium. Zwar werden die gesellschaftlichen Strukturen und

[69] SIMEK (wie in Anm. 8), S. 114.

[70] SIMEK (wie in Anm. 8), S. 115.

[71]STRIJBOSCH (wie Anm. 3), S.275.

[72] STRIJBOSCH (wie Anm. 3), S.275.

[73] STRIJBOSCH (wie Anm. 3), S.275.

[74] Mackley, J. S.:."We are spared Hell". Neutral Angels in the Middle Dutch Voyage of Brendan. Dissertation. Western Michigan University. 2010, S. 7.

[75] STRIJBOSCH (wie Anm. 3), S.275.

Gewohnheiten der Walscheranden in der Reisefassung nicht näher thematisiert, aber ihre Reichtümer, ihre Kleidung, ihre Gepflogenheiten im Gespräch mit Brandan und schließlich ihre Identität als neutrale Engel weisen auf eine zivilisierte Lebensweise hin. Gilt also dies als entscheidendes Kriterium, sind die Bewohner des zweiten Paradieses den Menschen zuzuordnen. Es kann daher nicht eindeutig festgestellt werden, wie die Walscheranden einzuordnen sind.

3.1.5. Die Walscheranden als Geschöpfe Gottes?

Das Wesen, das hier im Paradies lebt, ist jedoch ein Hybride und der Mund, der hier spricht ist, jedoch der eines Schweins. Da der Mensch laut der Bibel nach dem Abbild Gottes geschaffen ist, glaubt man im Mittelalter, dass alles, was diesem Ideal entspricht, gut ist und alles, was von diesem Ideal abweicht, wie zum Beispiel die Antipoden, schlecht ist.[76] Im Mittelalter nimmt man an, dass man von der äußeren Erscheinung auf die inneren Qualitäten eines Wesens schließen kann.[77] Diese Annahmen über das Verhältnis zwischen dem Innen und dem Außen eines Wesens erweisen sich, auf die Walscheranden der Reisefassung angewendet, als unbrauchbar, denn obwohl ihr hybrides Äußeres als von der Norm abweichend und damit abstoßend betrachtet werden kann, werden sie in der Reise nicht als böse dargestellt.

Als Mischwesen weichen die Walscheranden aber überhaupt von der gottgegebenen Norm der Schöpfung ab, was zu der Frage führt, ob ein Walscherand überhaupt Teil der göttlichen Schöpfung sein und damit gut sein kann und in diesem speziellen Fall, inwiefern die göttliche Wahrheit durch einen Schweinerüssel verkündet werden kann.[78] Besonders am Rande der bekannten Welt, wo die Abweichung von der Norm zu einer Norm wird, führen diese Fragen zu großer Unsicherheit.[79] Wenn man diese Diskussion jedoch in Zusammenhang mit der Handlung der Reisefassung stellt, wird deutlich, dass Gott Brandan auf dieser Reise Wunder seiner Schöpfung präsentiert. Da Gott Brandan auch zu den Walscheranden führt, sind diese Teil Gottes Schöpfung und haben damit grundsätzlich die Fähigkeit gut zu sein.

---

[76] Jauss, Hans Robert 'Die klassische und die christliche Rechtfertigung des Hässlichen in mittelalterlicher Literatur', in: Alterität und Modernität der Mittelalterlichen Literatur. Gesammelte Aufsätze 1956–1976, München 1977, S.147.

[77] STRIJBOSCH (wie Anm. 3), S. 277.

[78] MACKLEY (wie Anm. 75), S. 7.

[79] STRIJBOSCH (wie Anm. 3), S.277.

Hier wird deutlich, dass es insbesondere in fremden Gebieten gefährlich ist, Urteile auf Basis der Wahrnehmung und aufgrund von Vorurteilen zu bilden.[80] Dies erscheint im Gesamtzusammenhang dieser Erzählung als zentrales Thema, da Brandan das Buch der Wunder überhaupt erst verbrennt, weil seine Inhalte nicht den Wahrnehmungen entsprechen, die Brandan aus seiner Umgebung kennt und ihre Existenz daher für unmöglich hält. Durch die neunjährige Reise lehrt Gott ihn, dass seine Wahrnehmung trügerisch sein kann und seine Erwartungen häufig enttäuscht werden. Der Mensch kann sich also nicht auf seine Wahrnehmung und seine Erfahrungen verlassen. Im religiös geprägten Mittelalter wird dieses Problem gelöst, indem daraus geschlossen wird, dass der Mensch daher besser in Gott vertraut als auf sich selbst und diesen sowie seine Schöpfung nicht infrage stellt.

3.2. Die Walscheranden als Neutrale Engel

3.2.1. Was sind neutrale Engel?

Die hybriden Mischwesen, die das zweie Paradies in der Reisefassung bewohnen, geben sich als neutrale Engel zu erkennen, als Brandan die Sprache auf Gott bringt. Das bedeutet, dass sie im himmlischen Krieg, in dem sich Lucifer gegen Gott erhoben hat, keine der beiden Parteien unterstützen, also neutral bleiben. In der Reisefassung werden sie daraufhin mit den übrigen abtrünnigen Engeln und Lucifer aus dem Himmel verbannt, jedoch nicht mit ihnen in die Hölle geschickt. Stattdessen dürfen sie im irdischen Paradies ein Leben in Wohlstand führen. Ihre Strafe besteht hingegen in ihrer deformierten Erscheinung als Hybridwesen. Das Schicksal der neutralen Engel wird in der Reisefassung des Brandan dabei offen gelassen und lediglich gesagt, dass sie auf die Gnade Gottes beim Jüngsten Gericht am Ende der Zeit hoffen. Ihre genaue Wortwahl ist dabei bedeutsam, da sie ihre schwierige Situation darlegen, wie in der Reisefassung deutlich wird (Vv. 1352 -1376):

> *sprach der geist zu der stunt, / ,wa wir got gesahen: / wir waren im so nahen, / do Lucifer der aide / mit unrehter gewalde / zu himele werben wolde / anders dan er solde. / daz was uns weder lip noch leit. / wir waren engel vil gemeit, / got hatte wir nicht vor ougen, / wir minneten nicht sin tougen. / daz ist wol worden an uns schin: / wie mochte wir wirs geschaffen sin? / wir geniezen ouch des da mite, / wan wir des hoves site / zu himele begiengen. / dar umme wir entpfiengen / diz lant und wurden alle gliche / gestozen von dem himmelriche. / ouch hat uns got der helle irlazen: / wir enwolden uns nicht ebenmazen / zu Luciferes gesellen, / die mit im vielen in die hellen. / noch hoffe wir vil armen, / daz got tu über uns sin irbarmen*

[80] STRIJBOSCH (wie Anm. 3), S.278.

Das Konzept neutraler Engel, welche im himmlischen Krieg unparteiisch geblieben sind, ist eine wenig orthodoxe Idee, die aber im Lauf der Jahrhunderte immer wieder auftaucht.[81] Von der Kirche wird sie nie offiziell als Häresie verurteilt.[82] Diese Vorstellung kommt in der Bibel direkt nicht vor, wird jedoch von den Kirchenvätern aus einschlägigen Bibelstellen abgeleitet. Die Idee und ihre Weiterentwicklung entstammt, wird zudem in apokryphischen Texten und folkloristischen Quellen betrieben.[83]

3.2.2. Engel in der christlichen Vorstellungwelt

Das Konzept der Engel selbst ist hingegen essentieller Bestandteil der christlichen Heilslehre, auch wenn die Informationen die man der Bibel über Engel entnehmen kann spärlich sind und nur wenige Vertreter der Gattung mit Namen versehen werden, wie zum Beispiel Raphael, Gabriel und Michael.[84] Dabei nehmen Engel meist Vermittlerpositionen zwischen der göttlichen Instanz und den Menschen ein.[85] Den Glauben an mittlere und vermittelnde Wesen, wie Engel und Dämonen, hat das Christentum, wie viele andere Traditionen auch, aus älteren Bekenntnissen übernommen, insbesondere der babylonischen, der ägyptischen und der alt-iranischen Religion.[86] In gnostischen Texten sowie in Texten der Kirchenväter werden diese Ideen weiterentwickelt und verbreitet. Die Engelforschung der Theologie beachtet apokryphe, legendarische, paradogmatische sowie häretische Engelkonzeptionen dabei wenig bis gar nicht, was ihr Blickfeld stark einschränkt.[87] Das Bild, das die Menschen des Mittelalters aber über diese Mittlerwesen haben, ist von diversen Einflüssen geprägt. Auf die Menschen im Mittelalter üben Engel aufgrund ästhetischer Vorstellungen, die man mit diesen verbindet, eine große Faszination aus, weil ihre luminöse Schönheit ein Ideal darstellt.[88]

---

[81]STRIJBOSCH (wie Anm. 11), S. 58.

[82] STRIJBOSCH (wie Anm. 11), S. 60.

[83] ULRICH (wie Anm. 14), S. 96.

[84] Plak-Eigner, Verena: Vom Wesen der Engel in der höfischen Literatur des Mittelalters. Diplomarbeit. Univ. Wien, 2016, S. 22.

[85] Suarez-Nani Tiziana: „Individualität und Subjektivität der Engel im 13. Jahrhundert Thomas von Aquin, Heinrich von Gent und Petrus Johannis Olivi“. In: Das Mittelalter 11/1 (2006), S. 32.

[86] SUAREZ-NANI (wie Anm. 87.), S. 29.

[87] ULRICH (wie Anm. 14), S. 91.

[88] ULRICH (wie Anm. 14), S. 96.

3.2.3. Die Wurzeln der neutralen Engel in der christlichen Vorstellungswelt

Die Vorstellung von neutralen Engeln geht nicht explizit auf die Bibel zurück, auch wenn es zwei Stellen gibt, die in Zusammenhang mit den Walscheranden der Brandanlegende interessant sind. Zum einen wird in der Genesis von Engeln gesprochen, die mit menschlichen Frauen Riesen zeugen.[89] Diese Geschichte, die in der Bibel nur am Rande angesprochen wird, ist in ausführlicher Form im äthiopischen Buch Henoch zu finden, das zu den Apokryphentexten zählt. Dieses erzählt von Wächterengeln, die auf die Erde verbannt werden, weil sie sich Frauen unter den Menschen gesucht und ihnen Kinder gezeugt haben, welche als Riesen geboren werden und die vorsintflutliche Welt gefährden. Die Vernichtung dieser Riesen, die auch Nephilim genannt werden, steht im Mittelpunkt der biblischen Sintflut. Zudem bringen die Wächterengel den Menschen verbotene Wissenschaften bei.[90] Kirchenvater Laktanz stellt in seinen Diviniae Institutiones zudem fest, dass es sich bei den gemeinsamen Kindern der Engel und der Frauen um Mittelwesen handelt, die weder Engel noch Menschen sind.[91] Aufgrund dieser Parallele, kann eine Verbindung zwischen dieser Geschichte und der physischen Deformation, welche die Walscheranden in der Brandanlegende aufweisen, hergestellt werden.

Des Weiteren ist in der Apokalypse des Johannes an einer Stelle die Rede von einem *lauen Engel*, der aufgrund dieser Eigenschaft „aus dem Munde Christi ausgespien werden soll“[92]. Diese Erwähung steht in Zusammenhang mit einer Vision des Johannes, in der ihm der Auftrag erteilt wird, den Engeln der sieben Gemeinsen zu schreiben, unter denen sich dieser laue Engel befindet.[93] Das Konzept neutraler Engel wird zudem durch Kirchenväter wie Clemens von Alexandrien geprägt, der in seinen „Stromata“ über diese sagt,

> daß es auch einigen der Engel, die infolge ihres leichtfertigen Sinns wieder auf die Erde herabgefallen waren, nicht mehr völlig gelang, sich aus einem Zustand, in dem sie sich ebensogut nach der einen wie nach der anderen Seite entscheiden konnten, wieder zu jener früheren, nur eine Richtung kennenden Haltung emporzuarbeiten[94]

[89] Biblia Sacra iuxta vulgatam versionem. Hrsg. v. Robertus Weber. 2 Bde. Stuttgart 1969, Gen 6,4.

[90] MACKLEY (wie Anm. 75), S. 2.

[91] ULRICH (wie Anm. 14), S. 95.

[92] Biblia Sacra iuxta vulgatam versionem. Hrsg. v. Robertus Weber. 2 Bde. Stuttgart 1969, Ape 3.14f.

[93] ULRICH (wie Anm. 14), S. 95.

[94] ULRICH (wie Anm. 14), S.96.

Besonders in den Kreisen irischer Theologen und Denker zirkulieren im Mittelalter Vorstellungen über einen Aufenthaltsort der neutralen Engel.[95], also dort, wo die Brandanlegende ihre Wurzeln hat. Eine Abhandlung namens „De ordine creturarum", die vermutlich im siebten Jahrhundert in Irland entstanden ist, verortet die neutralen Engel in der unteren Atmosphäre des Himmels, wo sie auf das Jüngste Gericht warten, bei dem sie erwarten, verdammt zu werden.[96] Stribosch schließt aus diesen Zeilen, dass es eine höhere, stabile und eine niedere, instabile Zone zwischen Himmel und Erde gibt. Im Zuge ihres Sturzes sind die neutralen Engel in die niedere Zone geraten, wo sie auf das Jüngste Gericht warten.[97] In diesen Zusammenhang scheint die Idee, dass sich die neutralen Engel im irdischen Paradies aufhalten nicht abwegig, wenn man dieses als Sphäre zwischen der Erde und dem Himmel betrachten will.

3.2.4. Die Rolle der neutralen Engel im himmlischen Krieg

In diesem Kontext wird die Frage nach dem Auslöser für den himmlischen Krieg interessant. Nach Hildegard von Bingen verfällt Lucifer beim Anblick seiner Schönheit und Kraft in Stolz, was ihn dazu veranlasst, die göttliche Ordnung in Frage zu stellen.[98] In einigen Texten heißt es, Lucifer sei insbesondere eifersüchtig auf den freien Willen gewesen, den Gott dem Menschen gewährt hat und will diesen für sich beanspruchen. Daraufhin werden die Engel aufgefordert eine Entscheidung für Lucifer und den freien Willen oder für Gott und die Ordnung seiner Schöpfung zu treffen.[99] Wenn es im himmlischen Streit um die Frage nach dem freien Willen geht, ist die Haltung der neutralen Engel, keine Entscheidung zu treffen, besonders interessant, da es bedeutet, dass sie sich weder für, noch gegen den Willen selbst entscheiden. Das wirft ein fundamentaltes Problem philosophischer Art auf. Die Problematik ihrer Position in diesem Kontext lässt jedoch Rückschlüsse auf die Ambivalenz der Erscheinung der Walscheranden in der Reisefassung des Brandan zu.

Dogmatisch fixierte Auffassungen gehen von neun Engelschören aus, die hierarchisch gegliedert sind.[100] Die Auffassungen variieren jedoch stark in dem Punkt, welche Engel im

---

[95] STRIJBOSCH (wie Anm. 11) S. 60.

[96] STRIJBOSCH (wie Anm. 11), S. 60.

[97] STRIJBOSCH (wie Anm. 11), S. 60.

[98] Sprenger, Reinhard: Schöpfung und Mensch im Mittelalter. Perspektiven menschlicher Lebensbewältigung. Mainz: Patrimonium Verl. 2016, S. 123.

[99] SPRENGER (wie Anm. 100), S. 122.

[100] SPRENGER (wie Anm. 100), S. 61.

Rahmen des himmlischen Krieges gefallen sind. Während einige Theologen davon ausgehen, dass die Anhänger Lucifers aus allen neun Chören stammen, glauben andere, dass Lucifer und seine Anhänger einen eigenen, zehnten Chor gebildet haben, der in seiner Ganzheit gefallen ist. Von der Existenz eines solchen zehnten Chores berichtet zum Beispiel die Wiener Genesis aus dem elften Jahrhundert. [101]So ist in dieser Version ein Loch entstanden, dass am Jüngsten Tag mit Menschen aufgefüllt werden soll. Nach dieser Theorie, die unter der Bezeichnung Surrogattheorie geführt wird und von Augustinus vertreten wird, hat Gott die Menschen sogar einzig zu diesem Zweck geschaffen.[102] Die neutralen Engel werden in diesen Theorien selten mitgedacht und so ist es nicht ersichtlich, wo ihr Platz in diesem Szenario ist. Zudem liefert die Wiener Genesis aus dem elften Jahrhundert im Zusammenhang mit der Idee von neutralen Engeln einen wichtigen Hinweis bei der Thematisierung des himmlischen Krieges. Dieser Text geht davon aus, dass Lucifer mit seinen Anhängern durch den Erzengel Michael, der in Gottes Namen handelt, in die Hölle gestürzt wird. Gottes Auftrag bezieht sich dabei laut diesem Text auf Lucifer, dessen Gefährten, seine Fürsprecher sowie jene, „die zu seinem Tun schweigen".[103] Letztere können als neutrale Engel verstanden werden. Alanus ab Insulis verwendet im zwölften Jahrhundert in seiner Schrift gegen bestehende Häresien die gleiche Einteilung für die gefallenen Engel.[104] Es wird also deutlich, dass die Einordnung und die Bestimmung des Schicksals neutraler Engel aufgrund christlicher Offenbarungstexte schwierig ist. Dabei ergeben sich die Schwierigkeiten nicht unbedingt aus ihren vagen Wurzeln in der Bibel, sondern dadurch, dass sich ihre Unentschlossenheit nur schwer in die christlichen Gedanken integrieren lassen, das in moralischen Fragen auf dichotomischen Strukturen aufbaut.

3.2.5. Neutrale Engel in der mittelalterlichen Literatur

Die Frage nach der Position und dem Schicksal der neutralen Engel wird im Mittelalter auch in literarischen Texten berarbeitet, wie zum Beispiel in Wolfram von Eschenbachs Parzival. Um die neutralen Engel in seine Erzählung einzuführen, entwickelt Wolfram eine komplexe Quellenfiktion, indem er in einem Exkurs schreibt, dass der Provenciale Kyot, der Christ ist, im spanischen Toledo auf die verborgene Schrift eines heidnischen, arabischen Astrologen namens Flegetanis stößt. Dieser ist jüdischer Herkunft auf mütterlicher Seite und entstammt

[101] SPRENGER (wie Anm. 100), S. 65.

[102] ULRICH (wie Anm. 14), S. 90.

[103] ULRICH (wie Anm. 14), S. 96.

[104] ULRICH (wie Anm. 14), S. 99.

dem Geschlecht Salomos. Flegetanis soll demnach die Geschichte des Grals in den Sternen gelesen haben und schreibt sie auf. In dieser Geschichte hüten die neutralen Engel den Gral, bis sie über die Sterne wieder in den transzendentalen, himmlischen Bereich zurückgekehrt sind, vorausgesetzt ihre Unschuld lässt einen solchen Aufstieg zu.[105] Der Gral wird im Parcifal jedoch von einem menschlichen Geschlecht gehütet. Wolfram entfernt sich durch die Einführung neutraler Engel von der theologischen Lehre des Kirchenvaters Augustinus, der ein duales System aus guten und schlechten Engeln annimmt.[106] Die Dreiteilung, die Wolfram entwickelt, korreliert auch mit seiner anthropologischen Trias, die im Prolog des Parzival anhand des Elsterngleichnisses erläutert wird.[107] Dieser Trias zufolge gibt es weiße, schwarze und gescheckte Menschen, also gute, schlechte und solche, die Teile von beiden Seiten in sich tragen. Angesichts der gedanklichen Arbeit, die Wolfram in diese komplexe Konstruktion investiert, ist interessant, wie er die Frage nach dem Schicksal der neutralen Engel löst.

Die neutralen Engel werden im Parzival innerhalb der Gespräche zentral, die Parzival mit seinem Onkel Trevrizenz dem Einsiedler führt. Der Widerspruch, in den sich Trevrizenz dabei verwickelt, wird in Fachkreisen der Mediavistik viel diskutiert. Denn während er im ersten Gespräch eine Rettung der neutralen Engel beim Jüngsten Gericht für möglich hält, schließt er diese Option im zweiten Gespräch mit dem Neffen völlig aus. Eine überzeugende Begründung für diese Diskrepanz von Ernst Ulrich geht davon aus, dass Trevrizenz hier seine Ratschläge an die Situation des Schülers anpasst. So befindet sich Parzival bei ihrem ersten Treffen in einer Krise und hat sich von Gott abgewandt, weil er an ihm zweifelt. Würde Trevrizenz den neutralen Engeln, die ähnlich wie Parzival im entscheidenden Moment gezweifelt haben, jede Möglichkeit der Rettung absprechen, würde Parzival womöglich jede Hoffnung verlieren. Gleichzeitig entfernt Wolfram sich mit dieser Theorie über die neutralen Engel von den Lehren des Augustinus und argumentiert im Sinne von Origenes Apokastatislehre[108], die davon ausgeht, dass die gefallenen Engel inklusive Lucifer selbst nach langem, ihren jeweiligen Verbrechen entsprechendem Läuterungsprozess wieder in den Himmel aufgenommen werden. Da diese Lehre bereits beim Konzil von Konstantinopel 543 n. Chr. als Häresie verurteilt wird, begibt Wolfram sich hier auf gefährliches Terrain. Vielleicht lässt er Trevrizenz aus diesem Grund seine Ansichten über die neutralen Engel revidieren und die vorangegangene Version

---

[105] ULRICH (wie Anm. 14), S. 92.

[106] ULRICH (wie Anm. 14), S. 93.

[107] ULRICH (wie Anm. 14), S. 94.

[108] ULRICH (wie Anm. 14), S. 101.

als eine Art Notlüge erscheinen, als der Neffe wiederkommt. Da Parzival bei der zweiten Begegnung bereits Gralskönig ist und seine Krise somit überstanden hat, besteht aber auch keine Gefahr mehr darin, die neutralen Engel zu verdammen.[109] Zudem ist Origines Apokatastasistheorie in der volksprachigen Literatur des zwölften Jahrhunderts weit verbreitet, indem sie als Exemplum für die Vermessenheit dient, die jene begehen, die im Angesicht ihrer Verzweiflung aufgrund ihrer Sünden auf Gottes Gnade hoffen.[110] Die Kirche des zwölften Jahrhunderts vertritt die Auffassung, dass nur der Mensch auf die Gnade Gottes hoffen darf, weil durch das Opfer Christi ein Ausweg aus der Sünde, die er durch das Essen vom Baum der Erkenntnis begangen hat, eröffnet wird. Die Engel haben keinen Grund vergleichbare Hoffnungen zu hegen.[111] Dieser Ansicht beugt sich Wolfram hier, indem er Trevrizenz, seine Aussage revidieren lässt.

Ähnlich Gedanken scheint auch Dante Alighieri zu diesem Thema zu haben, wenn er die Idee der neutralen Engel Anfang des vierzehnten Jahrhunderts in seiner Divina Commedia wieder aufgreift. Bei ihm befinden sich die ehemaligen Himmelsbewohner jedoch zwischen Eingang und Acheron in der Vorhölle, neben Heiden und anderen unentschlossenen Seelen und leiden unter schrecklichen Strafen. So werden sie von Mücken und Wespen zerstochen, treten auf Würmer und müssen in alle Ewigkeit in Scharen rastlos hinter einer bedeutungslosen Fahne im Kreis laufen, weil sie sich um die wichtige Entscheidung gedrückt haben.[112]

3.2.6. Neutrale Engel im Paradies bei Brandan

In der Reisefassung des Brandan fällt ihr Auftreten und ihre Konzeption daher umso ungewöhnlicher aus. Zwar werden sie auch hier gestraft, aber nur durch ihre äußere Erscheinung und vermutlich ihren Kriegsdienst. Die neutralen Engel des Brandan stehen dabei einerseits in der Tradition ihrer mittelalterlichen, theologischen Genealogie, erscheinen geradezu als Konglomerat verschiedenster theologischer und folklorischer Theorien dieser Zeit. Gleichzeitig erscheint die Art ihrer Verortung ebenso wie die Art ihrer Strafe überraschend. Anders als in Wolframs Parzival oder bei Dante in der Divina Commedia ist ihre Verdammung in der Reisefassung keineswegs gewiss. Hier sind sie ihrer Genealogie entsprechend als Wesen der Mitte konzipiert. Obwohl sie ihrem Aussehen nach tierisch sind und somit in der

---

[109] ULRICH (wie Anm. 14), S. 102-103.

[110] ULRICH (wie Anm. 14), S. 104.

[111] ULRICH (wie Anm. 14), S. 105.

[112] STRIJBOSCH (wie Anm. 11), S. 56.

körperlichen Sphäre verankert, werden sie im Text als Geister bezeichnet, was auf ihre innere Wesensart schließen lässt. In gleichen Sinne findet man Bestandteile jeder der dargelegten christlichen Theorien, die es zum Konzept der neutralen Engel gibt, ohne dass die Walscheranden aus dem Brandan ein einziges davon zur Gänze erfüllen. Was hier vorliegt ist daher als neues Konzept des neutralen Engels zu betrachten, dass in mittelalterlicher Manier durchaus auf bereits bekannte Theorien und Genealogien zurückgeführt werden kann. Dabei fügen sich jedoch immer nur einzelne Aspekte und Bestandteile existierender Theorien ein, sodass aus dieser Zusammensetzung bekannter Teile, ein neues Konzept entsteht, dass der Unbestimmtheit der neutralen Engel in völlig neuem Ausmaß gerecht wird.

3. 3. Die Walscheranden: Ein kriegerisches Volk Gottes

3.3.1. Engel als Bewacher des Garten Eden

Interessant ist in diesem Kontext zudem die Tatsache, dass es sich bei den Walscheranden offensichtlich um ein Kriegervolk handelt, das sich aktiv in weltliche Schlachten einmischt, die nichts mit der Verteidigung ihres Landes zu tun haben. Sie werden in der Reisefassung als Krieger beschrieben, die gerade aus einer Schlacht zurückgekehrt sind, als sie in ihrem Paradies auf Brandans Reisende stoßen. Interessant ist diese Beschreibung vor alle vor dem Hintergrund, dass die Bibel angibt, dass das irdische Paradies nach dem Sündenfall und der damit verbundenen Vertreibung der Menschen mit Schutzmaßnahmen versehen wird, wobei Kirchenvater Augustinus darunter unter anderem die Bewachung des Garten Eden durch einen Engel versteht, der ein flammendes Schwert trägt. Er bewacht die Tore des Paradieses und stellt sicher, dass kein Mensch hineingelangen kann. Grundsätzlich ist es in der christlichen Vorstellungswelt also üblich, Engel mit Kriegsdiensten in Verbindung zu bringen. In gewisser Weise erinnert dieser Engel aufgrund seiner kriegerischen Natur an die neutralen Engel aus der Reisefassung der Brandanlegende. Zwar bewachen sie nicht die Eingänge des zweiten Paradieses, sie scheinen zunächst jedoch auch nicht gerade erfreut, als sie bei ihrer Ankunft Brandan und seine Gefährten antreffen. Die wesentliche Frage in diesem Zusammenhang ist, warum die Walscheranden keine Wachposten in ihrem Paradies zurücklassen, wenn sie sich in die Schlacht begeben, wenn sie dort offensichtlich keine Eindringlinge wollen, was die Forschungsliteratur offen lässt.

3.3.2. Kampf mit Drachen, Gog und Magog

Im Gegensatz zu dem Engel, der den Eingang zum Garten Eden mit einem flammenden Schwert bewacht, sind die neutralen Engel mit einem Hornbogen bewaffnet, der im mittelalterlichen

Europa als Sinnbild der Heidenwaffe gilt.[113] Damit passt die Waffe einerseits zu ihrer äußerlichen Erscheinung als Antipoden. Zu bedenken ist dabei aber auch, dass Engel in der Kunst oft mit Pfeil und Bogen dargestellt werden, eine Praxis, die auf Darstellungen des antiken Liebesgottes Amor zurückgeht. Die vorliegende Fassung geht auf diese Kampfaktivitäten nicht genau ein. In mehreren Versionen der Reisefassung des Brandans steht jedoch, dass die Walscheranden gegen Drachen kämpfen. Der Drache steht in der mittelalterlichen Symbolik für den Teufel.[114] Wenn die Walscheranden gegen den sinnbildlichen Teufel ins Feld ziehen, ist es naheliegend, dass es Teil ihrer Strafe bzw. Teil ihrer Aufgabe bis zum Tag des Jüngsten Gerichts ist, den Teufel zu bekämpfen, um Gott ihre Loyalität zu zeigen. Unter diesen Umständen könnten die neutralen Engel eventuell auf Gottes Gnade beim Jüngsten Gericht hoffen.

Es wurde bereits angesprochen, dass die tierischen Attribute der Walscheranden auf den zweiten Brief Petri zu verweisen scheinen. Wenn dem so ist, dann ist es auch wahrscheinlich, dass die nicht näher erklärte Äußerung der Walscheranden über Kämpfe mit Nachbarn auf die Legende der Gog und Magok anspielt. Alexander der Große entdeckt die menschenfressenden Rassen der Gog und der Magog der Legende nach in den kaukasischen Bergen und schmiedet Tore, um diese unzivilisierten Kreaturen fern von den zivilisierten Völkern zu halten. Am Ende der Zeit werden sich diese Tore öffnen und die Gog und Magog werden der Prophezeiung nach die Welt zerstören.[115] Mackley vermutet, dass die Walscheranden in diesem Zusammenhang das Gleichgewicht aufrechterhalten, indem sie diese zerstörerischen Kräfte in Schach halten.[116] Vielleicht besteht die Prüfung der neutralen Engel am Ende der Zeit sogar darin, die Gog und die Magog zu besiegen, um ihre Loyalität unter Beweis zu stellen. Dabei handelt es sich jedoch um Spekulationen, die auf Textebene in dieser Dichte und Schärfe nicht feststellbar sind.

3.3.3. Neutrale Engel als Hüter des heiligen Grals

In diesem Zusammenhang ist auch eine Verbindung zu Wolframs Parzival interessant, auf die in der Forschungsliteratur häufig hingewiesen wird.[117] Auch im Parzival übernehmen die neutralen Engel zunächst eine kriegerische bzw. eine Wächterrolle, indem sie den heiligen Gral

[113] Brandan. Die mitteldeutsche „Reise“-Fassung. S. 127.

[114] SPRENGER (wie Anm. 100), S.129.

[115] MACKLEY (wie Anm. 75), S.6.

[116] MACKLEY (wie Anm. 75), S. 7.

[117] ULRICH (wie Anm. 14), S. 96.

beschützen. Dies ist als Strafe für ihre Unentschlossenheit im himmlischen Krieg zu sehen. Wolframs fiktive Quelle Flegetanis gibt an, dass die Engel dieser Aufgabe so lange nachgehen müssen, bis sie ihre Schuld getilgt haben und wieder zu Gott in den Himmel aufsteigen dürfen. Vor diesem Hintergrund ist natürlich interessant, dass der heilige Gral im Parzival von einer Gralsgesellschaft gehütet wird, die aus Menschen besteht.[118] Das würde bedeuten, dass die neutralen Engel rehabilitiert worden sind und sich somit wieder im Himmel befinden. Trevrizenz Aussagen, insbesondere bei der letzten Begegnung mit seinem Neffen im Parzival, stehen dem jedoch entgegen, wie im Rahmen des vorangehenden Kapitels bereits dargelegt worden ist. Interessant ist in diesem Kontext auch ein weiteres Detail, dass Ulrich als Verbindung zwischen dem Parzival und der Reisefassung des Brandan sieht. Er weist daraufhin, dass Brandan in der Burg der Walscheranden einen Raum in deren Zentrum ohne seine Gefährten betritt. Offenbar befindet sich darin etwas wertvolles, doch Brandan sowie der Text insgesamt schweigt über die Natur dieses Schatzes. Urlich stellt die These auf, dass es sich dabei um den heiligen Gral handeln könnte. Das würde bedeuten, dass die Walscheranden des zweiten Paradieses den heiligen Gral hüten. Interessant dabei ist jedoch, gegen wen sie dann in die Schlacht gezogen sind und warum sie den Gral dabei unbewacht zurückgelassen haben.

3.3.4. Im Kampf mit dem Unbekannten

All diese Theorien, die in der Forschungsliteratur diskutiert werden, sind jedoch stark in Spekulationen verhaftet. Auf Textebene sind kaum Hinweise auffindbar, was es mit der Identität der Walscheranden als Krieger auf sich hat. In der Reisefassung des Brandan lehnt jener neutrale Engel, der mit Brandan spricht, explizit ab, auf das Thema näher einzugehen. Deutlich wird hier jedoch bei näherer Beschäftigung mit diesem Thema, dass ihr Kriegsdienst vermutlich Teil ihrer die Strafe ist. Gott hat die neutralen Engel für ihre Unentschlossenheit nicht nur durch ihr hässliches Aussehen bestraft, sondern auch durch diesen nicht näher bestimmbaren Kriegsdienst sowie mit der Ungewissheit, was sie am Jüngsten Tag erwartet. Sie, die sich einst nicht für eine Seite entschieden haben, leben nun in der ständigen Ungewissheit vor dem, was kommt und in der Zwischenzeit leisten sie eine Art von Kriegsdienst ab, der vielleicht einer Art Buße gleichkommt. Fest steht dabei, dass sich die Unbesimmtheit dieser Geschöpfe durch alle Ebenen ihrer Existenz zieht. Im Aspekt des Kriegerischen sind es allerdings die Rezipienten der Reisefassung, die über die Natur dieser Strafe in Unwissenheit zurückgelassen werden, sodass Spekulationen und Vermutungen Raum geschaffen wird, die

---

[118] ULRICH (wie Anm. 14), S. 97.

teilweise sehr weit hergeholt erscheinen. Auch wenn ungesagt bleibt, welche Kämpfe die Walscheranden führen, kann davon ausgegangen werden, dass ihre Identität als Kriegervolk für ihre Konzeption nicht unbedeutend ist und daher bei einer Interpretation berücksichtigt werden muss.

4. Konklusion: Das Paradies als Lebensraum der neutralen Engel in der „Reise“

Die Begegnungsszene zwischen Brandan und den Walscheranden in der Reisefassung hat sich als weites Feld herausgestellt, das sich ebenso interessant wie komplex darstellt. Zusammenfassend ist festzuhalten, dass die Konstitution des zweiten Paradieses als Erzählraum sowie die Konzeption des Erzählstoffes als Reise essentielle Voraussetzungen für die Begegnungsszene mit den Walscheranden schaffen. Neurale Engel in Gestalt monströser Hybride, die als Kriegervolk in einem irdischen Paradies leben, können in einem religiös geprägten, mittelalterlichen Europa nur weit weg von allen alltäglichen Erfahrungen am Rande der Welt angesiedelt werden dort, wo man Wunder jeglicher Art ohnehin schon vermutet. Zudem ist das irdische Paradies in einem Raum zwischen den irdischen und den göttlichen Sphären angesiedelt. Voraussetzung ist also ein heterotoper Erzählraum, da ein solcher erlaubt, die üblichen Regeln und Gesetzmäßigkeiten außer Kraft zu setzen.

So kann hier ein Raum völlig neuer, erzählerischer Möglichkeiten geschaffen werden, ohne die mittelalterlichen Vorstellungen von Weltordnung und das damit verbundene, vorherrschende Prinzip der Verifikation zu gefährden. Der Weg dorthin führt über das Konzept der Meerfahrt, dass innerhalb der Literatur schon immer Raum für Wunder aller Art geboten hat. Interessant ist in diesem Kontext die Verwurzelung des Brandanstoffes im irischen Imram. Durch dessen Weiterentwicklung werden nämlich erst die Gegebenheiten für die zentrale Stellung der Begegnungsszene mit den Walscheranden geschaffen. Erst durch die Lern- und Veränderungsfähigkeit des Protagonisten wird es möglich, jene Lehre zu vermitteln, die innerhalb der Erzählung angelegt ist.

Die Kuriosität und Fantastik mit der dieses Wundervolk den Rezipienten der Reisefassung begegnet, lädt dazu ein, die Bedeutung, die ihrem Auftreten in der Reise zugrunde liegt, zu übersehen. Ihre äußere Erscheinung bedient dabei ein Konzept, dass in der mittelalterlichen Welt mit starken Konnotationen versehen ist. Die Idee von Antipoden, die an den Rändern der Welt leben, ist für die Menschen des Mittelalters ebenso faszinierend wie befremdlich und sogar abstoßend. Die Menschen im Mittelalter sind auf ihre strikten, religiös und hierarchisch geprägten Ordnungssysteme angewiesen, um sich innerhalb ihrer Familie, ihres Standes und ihrem Dorf bzw. ihrer Stadt bewegen zu können. Aus diesen fest verankerten Orientierungskonzepten herauszufallen, bedeutet in dieser Zeit große soziale Schwierigkeiten, die oft zur Ächtung führen. Vor diesem Hintergrund wird klar, weshalb ein Volk, das sich physisch aus verschiedenen Tierarten zusammensetzt und dabei trotzdem menschliche Züge aufweist, sowohl Neugierde und Faszination als auch Angst und Ekel auslöst. Dies ist wichtig zu bedenken, wenn man verstehen möchte, weshalb die Entpuppung dieser Monster als neutrale Engel so einen Schock und Bruch für Brandan sowie die mittelalterlichen Rezipienten bedeutet. Das geordnete mittelalterliche Vorstellungssystem baut darauf, dass alles, was schön erscheint auch gut ist, sowie alles, was hässlich aussieht, schlecht sein muss. Unter dieser Annahme müssen die neutralen Engel, die in monströsen Körpern stecken, einen großen Eindruck auf den innertextlichen Brandan ebenso wie auf die außertextlichen Rezipienten der Reisefassung im Mittelalter haben.

Dabei ist das Konzept neutraler Engel an sich schon etwas, das in der mittelalterlichen Welt zwar durchaus bekannt ist, aber auch etwas, dass nur lose auf den christlichen Offenbarungslehren basiert und sich nicht so recht in diese einfügen will. Dabei wird die Theorie von der Existenz neutraler Engel nie als Häresie verurteilt, vermutlich weil diese nur dann ein Problem darstellen würden, wenn sie ebenso unbestimmbar wären, wie zum Beispiel die Antipoden. Doch hier hat man sich geholfen, indem man die Unentschlossenheit der neutralen Engel gleichsam wie den Abfall von Gott als Sünde abgetan hat. Auch diese Problematik geht auf die schlichten, dichotomen Ordnungssysteme zurück, auf denen die mittelalterliche Gesellschaft auch ihre religiösen Vorstellungen aufbaut. In einer Welt, in der Himmel und Hölle real existent sind und stets lockend wie bedrohlich vor Augen geführt werden, ist es essentiell zu wissen, was Sünde ist und was nicht. Neutrale Engel, die sich einer solchen Einordnung entziehen und so in eine Grauzone zwischen Verdammung und Erlösung rutschen, bereiten in diesem Kontext Schwierigkeiten, weshalb es zum Beispiel auch so wichtig für Wolfram ist, dieses Verhalten im Parzival klar als Sünde einzuordnen, um wahrscheinlichen Schwierigkeiten mit der Kirche zu entgehen.

Da die Reisefassung diesem Beispiel einer klaren Positionierung so gar nicht folgt, sind die erzähltechnischen Rahmenbedingungen, die bereits dargelegt wurden, so wichtig. In diesem Grenzbereich werden völlig neue Möglichkeiten eröffnet, mit diesen traditionellen Stoffen und Motiven umzugehen. Eingebettet in die göttliche Strafe und damit Teil göttlicher Lektion wird hier aufgezeigt, dass diese festen Ordnungssysteme durchaus in Frage gestellt werden müssen, denn die Walscheranden passen nicht in diese klaren Kategorien. Diese Thematik stellt auch den Protagonisten Brandan vor große Probleme. Interessanterweise ist es der neutrale Engel, der ihn auf seinen Fehler hinweist, dem Schein mehr zu trauen als Gott. Es wird hier deutlich, dass die neutralen Engel in der Reisefassung den Fehler, den sie im himmlischen Krieg begangen haben, durchaus erkennen. Daher leisten sie Buße, indem sie sich ihrem Schicksal als Monster im Paradies ergeben und ihre Strafe verbüßen, die wie bereits besprochen, vermutlich in einem nicht näher bestimmbaren Kriegsdienst besteht. Brandan hingegen lernt seine Lektion gerade durch die Begegnung mit den Walscheranden. Denn diese halten ihm den Spiegel vor und zeigen ihm auf, dass er Gott durch seine Zweifel an der göttlichen Schöpfung erzürnt hat und in diesem Punkt gleicht er den neutralen Engeln. Was beide lernen müssen, ist, Gott uneingeschränkt zu vertrauen und ihn in keinem Moment in Frage zu stellen.

Da Gott Brandan seine Sünden nach dessen neunjähriger Bußfahrt verzeiht, stellt sich die Frage, ob die Walscheranden in gleicher Weise auf seine Gnade hoffen dürfen. Die Reisefassung lässt diese Frage völlig offen. Vor dem Hintergrund der christlichen Theologie darf keine Parallele zwischen dem Schicksal des Menschen und dem der Engel gezogen werden, weil Christus sein Opfer nicht für sie erbracht hat. In der Wortwahl des Walscheranden zu diesem Thema zeigt sich, dass diese auf Gottes Gnade hoffen, aber keinerlei Anhaltspunkte haben, was sie beim Jüngsten Gericht erwartet. Parallel dazu weist nichts innerhalb der Erzählung daraufhin, wie das Schicksal der Walscheranden aussehen wird. Sie befinden sich in vollkommener Unbestimmtheit, da sie sich im Dazwischen bewegen, was ihr Aussehen, ihr Wesen und ihre Lebensweise betrifft, wie eben gezeigt worden ist. Sie leben also in einem durch und durch latenten Zustand. Somit kann die Ausgangsthese als bestätigt betrachtet werden.

Damit beweist der Text in seinem geschützten Erzählraum am Ende der Welt Mut zur Lücke. Denn in dieser Unbestimmtheit liegt der Samen des Zweifels an den gängigen Weltvorstellungen verborgen: der Gedanke, dass nicht alles so ist, wie es scheint. Dies ist nicht zu verwechseln mit dem Zweifel, dem Brandan und die neutralen Engel Gott gegenüber hegen. Diesen verdammt der Text eindeutig. Die Kritik, der hier Platz geschaffen wird, bezieht sich vielmehr auf die Ordnungssysteme der mittelalterlichen Welt, da Brandan diese zu Beginn über Gottes Schöpfungsgewalt zu stellen scheint. Die Quintessenz des Textes besteht demnach darin, dass unsere menschliche Urteilskraft fehlerhaft ist, sowohl die des Individuums, als auch jene, ganzer Gesellschaftsordnungen. Vertrauen können und sollen die Menschen stattdessen in Gott, da seine Möglichkeiten unbegrenzt sind. Dies wird auch in der Aussage der Walscheranden deutlich, wenn sie trotz ihres Fehlers auf Gottes Gnade hoffen. Denn am Ende sind Gott keine

Grenzen gesetzt, außer jene, die er sich selbst setzt. Letztendlich unterliegen alle Geschöpfe seiner Gnade, im Guten wie in Brandans Fall oder im möglicherweise schlechten, wie im Falle der neutralen Engel.

5. Literaturverzeichnis

5.1. Primärliteratur

Brandan. Die mitteldeutsche „Reise“-Fassung. Hrsg. von Reinhard Hahn, Christof Fasbender, Heidelberg 2002.

Biblia Sacra iuxta vulgatam versionem. Hrsg. v. Robertus Weber. 2 Bde. Stuttgart 1969.

5.2. Sekundärliteratur

Augustin, Ulrike Anja: Norden, Suden, Osten, Wester. Länder und Bewohner der Heidenwelt in deutschen Romanen und Epen des 12. bis 14. Jahrhunderts, Dissertation. Univ. Würzburg, 2014.

Dunne, Jörg, Mahler Andreas (Hg.): Handbuch. Literatur und Raum. Berlin: de Gruyter 2015.

Grimm, Jacob James, Steven, Stally, Brass: Teutonic Mythology. London: George Bell & Sons, 1883.

Haug, Walter: Brandans Meerfahrt und das Buch der Wunder Gottes. In: Letitia Rompau, Peter Ihring (Hg.): Raumerfahrung – Raumerfindung. Erzählte Welten des Mittelalters zwischen Orient und Okzident. Berlin: Akademieverlag 2005, S. 37-55.

Jauss, Hans Robert ‘Die klassische und die christliche Rechtfertigung des Hässlichen in mittelalterlicher Literatur’, in: Alterität und Modernität der Mittelalterlichen Literatur. Gesammelte Aufsätze 1956–1976, München 1977.

Jung, Werner: Raumphantasien und Phantasieräume. Essays über Literatur und Raum. Bielefeld: Aisthesis, 2003.

Mackley, J. S.:.“We are spared Hell”. Neutral Angels in the Middle Dutch Voyage of Brendan. Dissertation. Western Michigan University. 2010

Renz, Tilo: Utopische Elemente der mittelalterlichen Reiseliteratur. Berlin: Akademie Verl., 2013.

Simek, Rudolf: Erde und Kosmos im Mittelalter. Das Weltbild vor Kolumbus. München: H.C. Beck 1992.

Sprenger, Reinhard: Schöpfung und Mensch im Mittelalter. Perspektiven menschlicher Lebensbewältigung. Mainz: Patrimonium Verl. 2016.

Strijbosch, Clara: Between Angel and Beast. Brendan, Herzog Ernst and the world of the 12th cenutry. In: Burgess, Glyn S., Strijbosch, Clara (Hg.): The Brendan Legend Texts and Versions. Leiden u.a.: Brill, 2006.

Strijbosch, Clara: Himmel, Hölle und Paradiese in Sanct Brandans „Reise“. In: Zeitschrift für deutsche Philologie 11 (1990), S. 50-68.

Suarez-Nani Tiziana: „Individualität und Subjektivität der Engel im 13. Jahrhundert Thomas von Aquin, Heinrich von Gent und Petrus Johannis Olivi“. In: Das Mittelalter 11/1 (2006), S29-48.

Plak-Eigner, Verena: Vom Wesen der Engel in der höfischen Literatur des Mittelalters. Diplomarbeit. Univ. Wien, 2016.

Ulrich, Ernst: Neue Perspektiven zum „Parzival Wolframs von Eschenbach. Angelologie im Spannungsfeld von Origenismus und Orthodoxie". In: Das Mittelalter 11/1 (2006), S. 86- 109.